La Préhistoire expliquée à mes petits-enfants

Du même auteur

aux mêmes éditions

La Grotte Cosquer
en collaboration avec Jean Courtin
1994

Les Cavernes de Niaux
1995

Les Chamanes de la Préhistoire
en collaboration avec David Lewis-Williams
1996

La Plus Belle Histoire de l'homme
en collaboration avec André Langaney,
Jean Guilaine et Dominique Simonnet
1998

Le Musée des roches
2000

La Grotte Chauvet
(direction)
2001

à la maison des roches

Voyage en Préhistoire
1998

La Vie et l'Art des Magdaléniens en Ariège
1999

Grandes Girafes et fourmis vertes
Petites histoires de Préhistoire
2000

Les Chamanes de la Préhistoire
texte intégral, polémique et réponses
en collaboration avec David Lewis-Williams
2001

Jean Clottes

avec Charles, Stéphane, Guy, Pascal, Lise,
Éliette et Jean,
et leurs copains et copines

La Préhistoire expliquée à mes petits-enfants

Éditions du Seuil

ISBN 2-02-052687-5

www.seuil.com

Introduction

En règle générale, les enfants de tous âges s'intéressent beaucoup à la Préhistoire. Certains, même, se passionnent, et des vocations d'archéologues naissent. La plupart du temps, elles durent ce que durent les vocations enfantines. Parfois, cependant, elles se développent. La Préhistoire fait rêver. On ne sait pas trop où elle se situe dans le temps. Elle est à la fois très loin et très proche de nous. Les images des grottes constituent un point d'ancrage. Le mystère des cavernes profondes séduit autant que la vie que l'on imagine non sans quelques clichés.

J'ai demandé à mes sept petits-enfants d'écrire ce qu'ils savaient de la Préhistoire et ce qu'ils aimeraient en savoir, les questions qu'ils se posaient. Je leur ai conseillé d'en discuter avec leurs copains et copines – pas avec des adultes – et de coucher leurs remarques et leurs questions sur le papier. Leur âge, au moment de ce travail, allait de six ans pour Charles à seize ans pour Jean.

Ils m'ont envoyé 160 questions. Les trois plus jeunes (six, huit et dix ans) se sont montrés les plus curieux et les plus prolixes avec 105 questions. Certaines se recoupaient. D'autres m'ont surpris. Finalement, elles recouvraient bien le sujet, sous ses multiples aspects, et elles pouvaient se regrouper en cinq thèmes majeurs : les époques et les hommes ; le monde de la Préhistoire ; les modes de vie (ce qui a suscité – et de loin – la plus grande curiosité) ; les sociétés préhistoriques ; les modes de pensée. C'est donc le plan que j'ai adopté. Nous avons parlé de ces problèmes et certaines questions en ont amené d'autres. De mon côté, j'ai comblé quelques oublis et organisé les questions de façon cohérente. Après avoir rédigé le texte, je le leur ai soumis, pour être sûr qu'il répondait à leurs attentes. Leurs réponses m'ont permis de clarifier certains points et d'en traiter d'autres.

Les remarques de Charles sur la Préhistoire montrent bien l'étrange mélange de connaissances réelles et de clichés bizarres et erronés, qui ne sont d'ailleurs pas propres aux seuls enfants. On y trouve aussi la recherche d'un rapport direct entre notre monde et celui de nos lointains ancêtres. Voici très exactement ce qu'il m'a dit :

« Au début, c'étaient des singes, ils avaient beaucoup de poils ; puis, ils les ont perdus et sont devenus des hommes préhistoriques. Les enfants n'allaient pas à l'école. Les hommes préhistoriques mangeaient des animaux qu'ils tuaient avec des lances et des arcs. Ils buvaient l'eau de la rivière. Ils faisaient du feu en tapant très fort sur deux cailloux. Ils vivaient dans des grottes, ils n'avaient pas de villes. Pour se déplacer, ils marchaient et ils n'avaient pas de voitures. Il n'y avait pas de magasins pour les vêtements, c'étaient les femmes qui les faisaient avec la peau des animaux (les mammouths). Ils dessinaient dans les grottes pour décorer un peu. »

Maintenant, à partir des questions posées, nous allons voir ce qu'il en est en réalité.

Des préhistoires et des hommes

– *Grand-Père, pourquoi parle-t-on d'hommes « préhistoriques », qu'est-ce que ça veut dire vraiment ?*

– On appelle ainsi tous les gens qui ont vécu avant l'Histoire, c'est-à-dire avant que l'écriture n'ait été inventée. Pour les groupes humains relativement « récents », qui n'ont pas eux-mêmes l'écriture mais qui sont connus à travers les écrits d'autres cultures, on parle de « Protohistoire ».

– *Mais alors, quand la Préhistoire a-t-elle commencé et combien de temps a-t-elle duré ?*

– On ne peut pas donner de date précise. Les hommes ne sont pas apparus brusquement sur la scène du monde. Nous nous situons dans une longue, très longue évolution qui se compte – pour nous, les humains – en millions d'années.

– *Et les dinosaures ?*

– Ils ont vécu sur Terre des dizaines de millions d'années avant les hommes. Nous n'en parlerons plus, car ils ne font pas partie de notre histoire, celle de l'Humanité.

– *J'aimerais que tu nous parles des premiers hommes. Comment est-on passé des singes aux hommes ? Où sont-ils apparus ?*

– Les plus anciennes humanités ont été trouvées en Afrique. Ce n'étaient pas des singes tels que nous les connaissons, et leurs ancêtres non plus. On n'est donc pas passé du singe à l'homme. Ou alors, comme le dit l'un de mes collègues, nous sommes tous des singes. Disons plutôt que, si nous remontons très loin dans le temps, il y a 10 millions d'années ou plus, les singes et nous, nous avons des ancêtres communs, des primates. Avec les chimpanzés et les gorilles, nous sommes donc des cousins assez proches, surtout avec les premiers. Nous ne sommes ni leurs frères ni leurs descendants.

– *Si la Préhistoire a duré si longtemps, est-elle divisée en de plus petites périodes ?*

– Oui. Les spécialistes (on les appelle des « préhistoriens », à ne pas confondre avec les « préhistoriques »...) distinguent de très nombreuses périodes, surtout pour les plus récentes, beaucoup plus diversifiées et que l'on connaît mieux. Pour ces distinctions, ils se basent sur les différents types d'hommes, sur les outils et les armes qu'ils ont laissés, sur ce que l'on connaît de leur vie et de leur environnement par les fouilles de leurs habitats.

– *Tu dis que vous, les préhistoriens, vous fouillez les habitats de ces gens. Comment faites-vous pour comprendre ce qu'ils ont fait et comment ils s'organisaient ?*

– La fouille est à la base de notre recherche. C'est un véritable travail de détective. Avec des pinceaux et de petits outils, on dégage peu à peu les pierres, les os, les objets qui se trouvent dans le niveau d'habitat en cours d'étude. C'est un travail très minutieux, car il ne faut pas laisser passer des indices. On laisse tout cela en place le plus longtemps possible, pour mieux comprendre, puis on en fait des photographies et des plans, des relevés. Les ossements cassés nous renseigneront sur les animaux qu'ils ont mangés. Les objets, sur leurs armes, leurs outils et leurs parures.

On fait aussi des analyses en laboratoire, qui nous fournissent des foules d'informations. Par exemple, l'analyse des charbons révélera quels bois ont été brûlés. Celle d'échantillons du sol, quels pollens s'y trouvent, et donc quelle était la végétation aux alentours et le climat à cette époque. On pourra obtenir des dates par la méthode du radiocarbone à partir de charbons ou d'os. Ensuite, il faudra rapprocher tous ces renseignements pour en déduire l'époque, les activités et les modes de vie de ces gens. Ce n'est pas obligatoirement facile, mais c'est toujours passionnant. Quand vous serez plus grands, à partir de dix-huit ans, vous pourrez participer, si vous le souhaitez, à des chantiers de fouilles, comme beaucoup de jeunes pendant l'été. C'est la meilleure façon d'apprendre, et il y a toujours de l'ambiance ! Mais revenons aux époques de la Préhistoire…

– *Oui. Tu as dit qu'il y en avait beaucoup…*

– Il serait trop long d'entrer dans les détails, mais rappelez-vous dès maintenant trois grandes périodes, de durées très différentes : celle des plus anciennes humanités (plusieurs millions d'années) ; celle des premiers hommes modernes (qu'on nomme parfois l'Homme de Cro-Magnon), pendant toute la période appelée le Paléolithique supérieur. Ce sont des chasseurs-cueilleurs. On les connaît à partir de 40 000 ans en Europe, à des dates plus anciennes en Afrique (au moins 120 000 ans) et au Proche-Orient (100 000 ans). Ce sont eux qui ont peuplé les Amériques, sans doute entre 20 000 et 30 000 ans, et l'Australie vers 55 000 à 60 000 ans (nous verrons plus loin comment ils ont fait). En Europe, on les appelle les Aurignaciens.

– *Pourquoi on les appelle comme ça ?*

– Ils avaient bien entendu leur propre nom pour se désigner, mais ce nom on ne peut pas le connaître. Traditionnellement, les préhistoriens donnent à une culture particulière le nom du site où elle a été trouvée la première fois, ou bien où elle est le mieux représentée. Pendant le Paléolithique supérieur, à la fin de la dernière glaciation, on distingue en gros plusieurs cultures, qui se sont ainsi succédé en Europe : les Aurignaciens (de 40000 à 28000 ans), les Gravettiens (de 28000 à 22000 ans), les Solutréens (de 22000 à 18000 ans), les Magdaléniens (de 18000 à 12000 ans). Ce sont de ces hommes modernes, de ces Cro-Magnons, que nous parlerons le plus. Les données chiffrées sont assez approximatives, car on ne peut pas fixer de limites exactes pour la durée de ces cultures, en tout cas pas à mille ans près. Toutes ces dates sont non pas avant Jésus-Christ mais avant nous.

– *Et après les premiers hommes modernes, qu'est-ce qui se passe ?*

– Le monde change avec la fin de la glaciation, comme nous le verrons. C'est alors que commence la troisième grande période, qu'on pourrait appeler la Préhistoire récente. Ce sera la fin des grands chasseurs et les débuts du temps des éleveurs et des agriculteurs du Néolithique et des Âges des Métaux, à partir de 10000 ou 12000 ans au Proche-Orient, plus récemment en Europe.

– *Pourquoi les premiers humains se trouvent-ils en Afrique ? Crois-tu qu'on en trouvera de plus vieux ?*

– On ne sait jamais, mais l'Afrique apparaît aujourd'hui comme le berceau de l'humanité. C'est un immense continent, avec des paysages contrastés. Sans doute, un groupe de primates anciens s'est-il trouvé plus ou moins isolé, il y a 7 ou 8 millions d'années (c'est déjà très vieux !), et s'est-il adapté différemment des autres à son environnement particulier. Il aurait alors évolué d'une façon originale. Les espèces changent, au fil du temps. On appelle cela des mutations. Quand ces mutations sont bénéfiques, l'espèce nouvelle a un avantage sur les autres et elle se perpétue. Si c'est le contraire et que la mutation lui soit nuisible, elle finit par disparaître. Nous parlons de temps immenses. Ce processus s'est produit de nombreuses fois.

– *Justement, combien d'espèces d'hommes se sont-elles succédé ? Et l'homme « comme nous » ?*

– Il y a eu plusieurs espèces d'hommes. Les plus anciens, les Australopithèques, sont célèbres depuis la découverte de Lucy (3,2 millions d'années), mais on en discute et l'on n'est pas sûr que certains soient véritablement des hommes, bien qu'ils aient déjà des caractères humains, comme la marche debout, ce qu'on appelle la bipédie. En effet, dès ces époques très reculées, on constate plusieurs branches sur notre arbre généalogique. Comme certaines de ces branches n'ont pas eu d'avenir, nous ne sommes pas dans leur lignée.

– *Mais les vrais hommes ?*

– L'*Homo habilis* est déjà bien engagé dans la

voie de l'humanité il y a au moins 2 millions d'années. Il était assez différent de nous, avec un cerveau beaucoup moins volumineux et une taille et un poids réduits : 1,50 m et 54 kg en moyenne pour les hommes, 1,20 m et 32 kg pour les femmes. Ce n'est pas beaucoup…

– *On ne sait pas ce qui est arrivé à l'*Homo habilis *?*

– C'est un des exemples de ce que je disais tout à l'heure à propos des espèces qui disparaissent et d'autres, plus avantagées par les mutations, qui leur succèdent.

Ainsi, l'*Homo erectus* est connu à partir de 1,7 million d'années. Il est plus grand qu'*Homo habilis* et très robuste. Son cerveau s'est développé. Il s'est répandu dans le monde entier (sauf en Amérique et en Australie), à partir de 1,5 million d'années. C'est le premier grand explorateur et conquérant du monde. L'Europe sera peuplée, il y a plus d'un million d'années, par l'*Homo erectus* ou par son proche parent appelé l'*Homo ergaster*. Des humains encore pas très bien connus, qu'on appelle des anté-néandertaliens, succèdent à ce dernier. Ils sont intermédiaires entre lui et l'Homme de Néandertal qui leur fait suite il y a moins de 150 000 ans. Les Néandertaliens sont nos proches cousins. On les trouve en Europe et au Proche-Orient.

Enfin, les Hommes modernes (« nous »), venus certainement d'Afrique à l'origine, comme nous l'avons vu, supplantent peu à peu les Hommes de Néandertal, qui disparaissent il y a environ 30 000 ans.

– *Ils disparaissent parce qu'on les a tous tués ? Ils se sont battus avec les Hommes modernes ?*

– On n'en a aucune preuve. Il n'est pas impossible qu'il y ait eu des incidents violents entre groupes différents, mais certainement pas de guerre d'extermination. Leur disparition a plutôt été progressive.

– *Comment arrivez-vous à connaître l'âge de ces squelettes ?*

– Comme presque toujours en Préhistoire, on date les squelettes par la couche archéologique dans laquelle ils se trouvent, ou par les objets qui les accompagnent. Les objets caractérisent une époque ou une culture au sens large. En outre, il existe diverses méthodes physiques pour obtenir des dates sur des échantillons prélevés dans les habitats ou les sépultures. Celle du radiocarbone est la plus connue. Elle permet d'aller jusqu'à 40 000 ans environ. Pour les vestiges plus anciens, il existe d'autres méthodes de laboratoire.

– *Si les Hommes modernes sont venus d'Afrique, ils étaient tous noirs ?*

– Sans aucun doute. La couleur noire de la peau est une adaptation – qui prend beaucoup de temps – aux conditions locales. Nos ancêtres lointains étaient noirs. Au fil des millénaires, ils se sont dépigmentés, c'est-à-dire qu'ils ont perdu leur couleur foncée, en raison des conditions beaucoup moins ensoleillées de l'Europe. Mais je ne serais pas surpris si les premiers Hommes modernes d'Europe, les Aurignaciens, avaient eu une peau nettement plus basanée que la nôtre…

– *Lesquels de ces hommes ont inventé le feu ?*

– On doit cette découverte à l'*Homo erectus*. D'après les couches archéologiques où l'on a trouvé d'indiscutables traces de feux volontaires, cela remonte à 500 000 ans environ. Bien entendu, il est toujours possible que l'on découvre un feu maîtrisé à des dates plus anciennes.

– *Que veux-tu dire par « un feu maîtrisé » ?*

– C'est la possibilité de faire du feu à volonté, pas seulement en profitant d'un incendie naturel allumé par la foudre et en en gardant précieusement la flamme par la suite, comme on le voit dans le livre et le film *La Guerre du feu*. On sait par l'expérience qu'il est assez facile d'allumer du feu avec les moyens dont disposaient l'*Homo erectus* et ses successeurs : par exemple, en frottant très vite une baguette contre un bout de bois, ou en frappant un silex contre un morceau de pyrite.

– *Cela a dû leur changer la vie, de manger de la nourriture cuite !*

– Oui, mais les conséquences à long terme sont beaucoup plus importantes qu'un meilleur goût de la nourriture. On peut même dire que la maîtrise du feu marque le véritable début de la conquête totale du monde par l'Homme. Désormais, il domine son environnement par des moyens artificiels. Il écarte les bêtes sauvages et il dort tranquille. Il peut se chauffer. Bientôt, il utilisera le feu pour toutes sortes d'usages, pour durcir les pointes d'épieu, par exemple. Il n'est plus réduit à lui-même dans un environnement hostile.

Dans quel monde vivaient-ils ?

– *Pourquoi « un environnement hostile » ? La nature était-elle différente de ce que nous connaissons aujourd'hui ?*

– Bien entendu. Il est même difficile pour nous, qui vivons dans une civilisation citadine, d'imaginer à quel point, surtout pour les périodes les plus anciennes. Pendant la majeure partie de la Préhistoire, les hommes ont vécu dans un monde où ils étaient extrêmement peu nombreux, un monde presque vide d'humains, mais où les animaux, en revanche, abondaient. Nos ancêtres ne dominaient pas leur monde, comme nous le faisons maintenant, ils y survivaient. Quant aux conditions de leur environnement, elles dépendaient étroitement du climat de l'époque.

– *Ce n'était pas le même que maintenant ?*

– Le climat a toujours varié et les paysages se sont modifiés en fonction de ces changements. Actuellement, nous sommes dans ce que l'on appelle une période interglaciaire, parce que les recherches ont montré que, depuis environ 1,8 million d'années, le monde a connu plusieurs phases glaciaires, c'est-à-dire des périodes très longues pendant lesquelles il faisait notablement plus froid, de 3 à 5°C de moins en moyenne, ce qui est beaucoup, contrairement à ce que l'on pourrait croire. La dernière glaciation a commencé voici 80 000 à 85 000 ans et elle s'est arrêtée il y a à peu près 12 000 ans.

– *Mais alors, il y en aura une autre ?*

– C'est très vraisemblable, mais ne nous affolons pas : il faudra sans doute attendre plusieurs milliers d'années. En outre, quand cela se produira, ce sera tellement progressif que les gens ne s'en rendront même pas compte. La durée de la vie humaine est beaucoup trop courte pour que l'on puisse percevoir les phénomènes géologiques à grande échelle.

– *Pourtant, on parle beaucoup, actuellement, du réchauffement de la planète. C'est donc qu'on s'aperçoit de ce qui se passe ?*

– C'est vrai, et c'est la raison pour laquelle les changements actuels, si rapides (à l'échelle géologique…), sont inquiétants. En effet, les circonstances sont très différentes. C'est la première fois, dans l'histoire du monde, que les activités humaines ont une telle influence sur l'environnement, au point que le climat en est transformé et que ces modifications sont perceptibles dans le cours d'une vie. Jusqu'à maintenant, c'était la Nature seule qui changeait ses équilibres, et cela se faisait progressivement. C'est bien pourquoi il est difficile de prévoir avec précision les catastrophes qui se produiront inéluctablement, dans un avenir assez proche, dans de nombreuses régions du monde ; du moins, si les efforts indispensables ne sont pas faits, dans tous les pays et sur tous les continents, pour ralentir ce processus nocif enclenché par l'Homme.

– *Autrement dit, maintenant, c'est l'inverse d'une glaciation ?*

– Exactement. Pendant la dernière glaciation, l'Europe était assez différente de ce qu'elle est aujourd'hui. Depuis le pôle Nord, la calotte glaciaire couvrait d'immenses étendues. Les pays scandinaves disparaissaient sous plusieurs centaines de mètres de glace. Les Pays-Bas étaient eux aussi recouverts et le manteau de glace descendait jusqu'à Berlin. Des quantités gigantesques d'eau étaient ainsi immobilisées, de sorte que le niveau de la mer, aux moments les plus froids, se trouvait à 120 mètres au-dessous du niveau actuel. Le tracé des côtes n'était donc pas le même.

– Tu dis « aux moments les plus froids », c'est donc que le temps a quand même changé pendant cette glaciation ?

– Oui. On constate l'existence de ce que les spécialistes appellent des « oscillations » du climat, qui peuvent durer quelques centaines ou quelques milliers d'années, des « stades », pendant lesquels il fait notablement plus froid, et des « interstades », quand la température se réchauffe. Ces oscillations, parfois assez brèves, ont été observées aux périodes historiques. Par exemple, entre 1550 et 1850 de notre ère, il a fait nettement plus froid (0,5 à 1,5°C de moins en moyenne), au point que l'on a appelé cette époque, peut-être avec un peu d'exagération, « le Petit Âge glaciaire ».

– Ces changements du climat, quel effet cela a-t-il eu sur le monde où vivaient les hommes préhistoriques ?

– Un effet considérable. Pendant les glaciations, dans les régions montagneuses (Alpes, Pyrénées, etc.), de nombreuses vallées étaient inaccessibles, en raison de l'épaisse couche de glace qui les recouvrait. Partout, le paysage différait de ce que l'on connaît actuellement. Il pleuvait moins que maintenant. Dans de nombreuses régions, en particulier dans les vallées ou les grandes plaines exposées au vent, ne poussait qu'une végétation d'herbes rases, avec quelques bouquets d'arbres isolés, surtout des bouleaux et des pins. Il a toujours quand même existé des lieux protégés, où les conditions étaient meilleures. Il y subsistait des arbres et des animaux qui n'aiment pas trop le froid. Ce sont ceux qui se développeront avec le réchauffement climatique. N'oublions pas aussi que, même au plus froid de la glaciation, il faisait plus chaud dans le Midi que dans le nord de la France…

– *Et les volcans? Ils étaient en éruption à l'époque glaciaire?*

– Quelques éruptions sont effectivement attestées en France à des périodes assez anciennes. Pendant la dernière glaciation, il y en a eu une bonne quinzaine. On en connaît à peu près autant au cours du réchauffement qui a suivi, la dernière ayant eu lieu peu avant le début de notre ère. On n'a jamais trouvé de traces d'une catastrophe comparable à celle de Pompéi. Il faut dire que, pendant la Préhistoire, les groupes humains, nous l'avons vu, étaient peu nombreux et dispersés. Donc, on ne peut pas dire que les éruptions volcaniques aient constitué une menace sérieuse pour l'humanité ancienne.

– *Et les animaux préhistoriques? À part le mammouth, y en avait-il d'autres qui n'existent plus aujourd'hui?*

– Là encore, cela dépend des époques. Prenons la dernière glaciation. Parmi les animaux qui disparurent dans le courant ou à la fin de cette longue période, il y avait des fauves, comme l'hyène des cavernes, le lion des cavernes ou la panthère. Quant au célèbre « tigre à dents de sabre », il s'était éteint bien avant.

– *Ces lions, ils venaient d'Afrique ?*

– Non. C'étaient des animaux adaptés au froid, qui différaient parfois assez fortement de leurs cousins africains. Par exemple, le lion des cavernes était notablement plus grand, et les mâles n'avaient pas de crinière. On le sait parce qu'on en a trouvé des représentations dans l'art des grottes, en particulier dans la célèbre Grotte Chauvet.

– *On ne les connaît que par les dessins dans les grottes ?*

– Non. Certes, ces gravures et ces peintures, qui se sont conservées merveilleusement au fond de certaines cavernes, nous permettent d'avoir des images fidèles de ces animaux. Les artistes préhistoriques ont souvent précisé tous les détails du pelage, des sabots, des attitudes. On reconnaît le petit toupet au bout de la queue des lions, la toison d'hiver de certains bisons ou la crinière hérissée des chevaux sauvages. Toutefois, des squelettes d'animaux disparus ont été mis au jour au cours de fouilles. Avant de découvrir une peinture de panthère dans la Grotte Chauvet ou les dessins de grands pingouins dans la Grotte Cosquer, on savait que ces animaux existaient à cette époque en Europe parce qu'on avait trouvé des os caractéristiques de ces espèces dans des couches bien datées. Dans les régions très froides, en Sibérie ou en Alaska, par exemple, on a même trouvé des mammouths ou d'autres animaux entiers congelés.

Conservés dans des sols gelés en profondeur, ils ne s'étaient pas décomposés. Ils ont permis de vérifier que les dessins préhistoriques des grottes étaient bien exacts.

– *Et les autres animaux disparus ?*

– Les plus remarquables sont le rhinocéros laineux, l'ours des cavernes et le cerf mégacéros. Ce rhinocéros, comme le mammouth et les autres, était un animal de climat froid, avec une épaisse toison. Il possédait deux cornes. On connaît bien son aspect, à lui aussi, par les dessins préhistoriques des grottes, à Chauvet et à Rouffignac.

L'ours des cavernes était un véritable monstre, bien plus grand que les grizzlis actuels. Debout, un mâle dépassait les 3 mètres ! Ces ours passaient l'hiver dans les grottes, où l'on trouve assez souvent les ossements de ceux qui y sont morts, ainsi que les traces de leurs griffes sur les parois et leurs empreintes sur les sols. L'ours des cavernes creusait de grands trous, appelés des bauges, où il se couchait pour dormir. Inutile de dire que les hommes d'alors devaient éviter de pénétrer dans ces cavités quand les ours y étaient...

Quant au cerf mégacéros, il avait des bois immenses, dont l'envergure pouvait atteindre 3 mètres. On en a trouvé des spécimens entiers conservés dans les tourbières d'Irlande.

– *Pourquoi ont-ils disparu ? Parce qu'on les a tous tués ?*

– C'est possible pour le cerf mégacéros, mais certainement pas pour le mammouth, le lion, le rhinocéros ou l'ours, qui apparemment n'étaient pas ou peu chassés. Il est plus probable que les modifications du climat, avec le changement des environnements qu'elles ont entraîné, soient la cause de leur disparition progressive.

– *Et les autres animaux de l'époque glaciaire ?*

– Le monde d'alors regorgeait d'animaux très variés. Cette abondance est même l'une des choses les plus difficiles à imaginer pour nous qui n'en avons pas l'habitude. Dans les plaines et les larges vallées paissaient des troupeaux de bisons, d'aurochs (vaches et taureaux sauvages), de chevaux et de rennes. Dans les régions rocheuses, des bouquetins et des chamois grimpaient les pentes. Les rivières étaient pleines de saumons et de truites de grande taille. Les oiseaux étaient tout aussi nombreux : canards, oies, perdrix des neiges, et bien d'autres. En plus des animaux prédateurs que j'ai cités, il y avait des renards, des loups, des gloutons et des lynx.

– *Beaucoup de ces animaux n'existent plus chez nous ?*

– C'est vrai. Certains pouvaient s'adapter à toutes sortes de climats, par exemple les bisons, les aurochs, les chevaux, les loups ou les renards, les bouquetins et les chamois. Ils ont survécu à la fin de la glaciation.

Quant aux animaux de climat froid, avec le réchauffement, ils ont quitté nos régions et sont remontés vers le nord à la recherche des conditions qui leur convenaient. Si l'antilope saïga ne se trouve plus que dans les steppes de l'Asie centrale, les rennes et les bœufs musqués sont toujours présents en abondance en Norvège ou en Alaska.

Quant aux autres, ils ont eu des sorts divers. Il est bien possible que le mammouth ait subsisté assez longtemps en Sibérie, après la fin de la glaciation, car il y jouissait de conditions plus favorables qu'en Europe de l'Ouest. L'aurochs a fini par disparaître au XVIIe siècle sous les coups des chasseurs. Le bison n'a plus survécu que dans les forêts de Pologne. Les grands pingouins, représentés dans la Grotte Cosquer, ont été exterminés jusqu'au dernier au milieu du XIXe siècle. En revanche, les cerfs et les sangliers, pas très nombreux au Paléolithique supérieur, ont prospéré quand le climat s'est réchauffé, lorsqu'il a plu davantage et que de grandes forêts ont poussé un peu partout.

Comment vivaient-ils ?

– *Dans ce monde plein d'animaux, passaient-ils leur temps à chasser ? Avec quelles armes ? Qu'est-ce qu'ils ont inventé ?*

– Attendez un peu ! Comme toujours, il nous faut préciser l'époque. Les *Homo erectus* d'il y a 1 million d'années ne vivaient pas exactement comme les Hommes modernes d'il y a 25 000 ans, et pas du tout comme les agriculteurs-éleveurs du Néolithique d'il y a 5 000 ou 6 000 ans, à qui la chasse apportait un complément de nourriture appréciable, mais qui ne dépendaient plus seulement d'elle pour leur survie. Les premiers, moins intelligents et moins bien organisés, devaient passer beaucoup plus de temps à chercher leur nourriture que les grands chasseurs des temps glaciaires qui disposaient d'armes bien plus performantes.

C'est surtout de ces derniers dont nous allons parler à partir de maintenant, des Hommes modernes, parfois appelés les Cro-Magnons, et nous n'évoquerons plus qu'en passant les anciennes humanités qui les ont précédés et les sociétés néolithiques d'éleveurs et d'agriculteurs qui leur font suite.

– *D'accord, mais parlons quand même un peu des éleveurs et des agriculteurs. Pourquoi ont-ils fait ça, quels animaux ils élevaient et quelles plantes ils cultivaient ? Quelles techniques ils employaient ?*

– Ces changements ne se sont pas faits en un jour, ni partout en même temps. Il semble que le chien soit le premier animal domestique et qu'il apparaisse – à partir du loup – avec les derniers grands chasseurs, vers 13 000 ou 14 000 ans, peut-être avant. Puis viendront le mouton, le bœuf et le cochon. Les volailles ne seront élevées que beaucoup plus tard. Quant aux plantes, c'étaient surtout des variétés de blé et d'orge au Proche-Orient, puis en Europe. Le riz a été cultivé en Extrême-Orient et le maïs et les haricots en Amérique, pour ne donner que ces quelques exemples. Les techniques étaient rudes et sommaires. Elles le sont restées longtemps, tant qu'on a labouré avec un araire, cette charrue primitive toujours en usage dans certains points du monde.

– *Tu ne nous as pas dit pourquoi…*

– Les inventions sont toujours un peu le fruit du hasard, du moins au début. Des gens ont dû s'apercevoir que des grains de blé sauvage, abandonnés près de leur camp, avaient donné des épis au printemps. Ils ont réfléchi et renouvelé systématiquement l'opération. D'autres ont recueilli des petits animaux après avoir tué la mère à la chasse et ils les ont élevés. Cela a dû se produire souvent au cours des temps, avec de nombreux échecs, avant que l'on ait un véritable élevage. L'agriculture et les animaux domestiques sont une assurance sur la vie : on sait que l'on aura de quoi manger l'année prochaine, même à la mauvaise saison !

– *Mais alors, cela a dû leur changer la vie complètement ?*

– Oui, au point qu'on a employé à ce propos l'expression de « révolution néolithique ». Comme beaucoup d'expressions consacrées, celle-ci est à la fois vraie et fausse. Elle donne l'impression que cela a été très rapide, ce qui n'est pas le cas. Les modifications des comportements se sont opérées petit à petit, dans certains endroits et pas dans d'autres. En revanche, lorsque l'élevage et l'agriculture ont fini par devenir l'activité principale et habituelle, cela a eu des conséquences beaucoup plus importantes à long terme que la sécurité alimentaire. Les gens sont devenus sédentaires, c'est-à-dire que, au lieu de se déplacer sur de plus ou moins grandes distances, ils sont restés sur place : quand on a un champ, il faut le cultiver et veiller à la récolte. Ils ont construit des villages. Ils ont eu des greniers. Ils avaient des troupeaux qui leur appartenaient. Cette richesse a entraîné des changements dans leur société, où il a dû y avoir des riches et des pauvres, donc une hiérarchie. Ce fut la fin d'un mode de vie qui avait duré des millions d'années, lorsque les hommes étaient uniquement chasseurs et collecteurs.

– Justement, au début, comment chassaient-ils ? Ils avaient des armes ?

– Les plus anciens hominidés tuaient de petites proies, celles qu'ils pouvaient atteindre de leurs mains ou en leur lançant une pierre. Ils pratiquaient aussi le charognage. Cela veut dire qu'ils profitaient des grosses proies que les félins tuaient et abandonnaient pour en manger les restes. Dès 2,5 millions d'années, ils taillaient quelques outils frustes à partir de galets pour dépecer ces animaux et en casser les os afin d'en manger la moelle. N'oublions pas non plus que les humains étaient omnivores, ils mangeaient tout ce qui était comestible et qui leur tombait sous la main : des fruits et des baies sauvages, des plantes, des champignons, des insectes. La véritable chasse, avec des armes, s'est peu à peu développée, au fil du temps, et l'Homme est devenu le plus redoutable des chasseurs parmi toutes les espèces animales.

– Je n'aurais pas aimé manger des charognes et des insectes... Il aurait mieux valu vivre avec les Hommes modernes... Ces grands chasseurs, quels animaux tuaient-ils et comment s'y prenaient-ils ?

– Les Néandertaliens et les Hommes modernes chassaient les grands herbivores dont nous avons parlé. Les trois espèces les plus chassées, et de loin, sont les bisons, les chevaux et les rennes. Selon les époques, les lieux et les saisons, ils tuaient davantage des uns ou des autres. Par exemple, les rennes sont des animaux qui se déplacent et passent toujours aux mêmes endroits. Les hommes du Paléolithique l'avaient bien entendu observé et ils devaient en profiter pour les abattre commodément sur leurs lieux de passages obligés, comme les gués. Dans les fouilles de campements préhistoriques, on trouve les reliefs de leurs repas près des feux où ils faisaient cuire la viande. Ce qui reste, ce sont les os brisés et brûlés des animaux qu'ils ont mangés. C'est ainsi que l'on connaît leurs préférences et les choix qu'ils ont faits.

– Comment, des choix ? Ils ne tuaient pas au hasard de la chasse ?

– Oui et non. Souvent, on constate des spécialisations, qui témoignent de la recherche délibérée de certaines espèces, ou plutôt de la volonté de ces chasseurs de profiter de circonstances particulières. Par exemple, un peu avant la fin de la glaciation, il y a à peu près 13000 ans, un groupe de Magdaléniens a habité quelque temps dans la Grotte des Églises dans la haute vallée de l'Ariège, une grotte que j'ai fouillée il y a longtemps. Ces gens y sont revenus plusieurs fois, toujours au même moment de l'année, au début de l'hiver. Ils avaient sans doute remarqué que c'est alors que les bouquetins se rassemblent pour s'accoupler et donc qu'il est plus facile de les approcher. Le bouquetin fut leur proie préférée pendant quelque temps. Ils en ont abattu au moins quarante-quatre. Toutefois, ils ont aussi tué et mangé d'autres animaux : des perdrix des neiges, qui descendent des hauteurs au moment des froids du début de l'hiver, d'énormes saumons attrapés sur leurs lieux de frai, et même trois lièvres et cinq grands corbeaux. Il y a donc eu à la fois une chasse spécialisée et une chasse (et pêche) opportuniste, c'est-à-dire réalisée en fonction de ce qui leur tombait sous la main.

– *Quand ils tuaient des bouquetins ou d'autres grands animaux, ils choisissaient seulement les mâles ?*

– On aurait pu s'y attendre, mais en fait on constate que ce n'étaient pas toujours des chasseurs « écologiques ». Il leur arrivait de tuer indifféremment des jeunes et même des femelles pleines, ce que ne feraient pas, de nos jours, des chasseurs responsables. On a trouvé beaucoup d'os de fœtus de rennes ou de bisons sur certains sites. Cela signifie qu'ils vivaient dans un monde où le gibier était tellement abondant – et où les humains étaient si peu nombreux – qu'ils n'avaient pas à se soucier de l'avenir et du renouvellement des espèces. Ils savaient qu'il y aurait toujours des animaux à chasser l'année suivante.

– *Avec quelles armes chassaient-ils ?*

– Les *Homo erectus* et les Néandertaliens utilisaient sans doute des épieux ou des lances, peut-être armées à leur extrémité de silex pointus. Les Hommes modernes ont perfectionné les techniques de chasse. Ils fabriquaient des sagaies à la longue hampe de bois, à laquelle ils attachaient une pointe effilée en ivoire de mammouth ou en bois de renne. C'étaient des armes redoutables, qu'ils utilisèrent pendant des milliers d'années. Elles avaient un inconvénient, c'est qu'il fallait être assez près de l'animal pour le blesser mortellement. Ils pouvaient aussi fabriquer ou creuser des pièges ou encore utiliser des poisons végétaux pour leurs armes.

Deux inventions ont révolutionné la chasse : le propulseur et l'arc. Le propulseur est une sorte de bâton bien droit, long d'une cinquantaine de centimètres, terminé par un crochet. On pose la longue (2,50 m) sagaie bien horizontalement sur la tige du propulseur, contre le crochet qui la maintient en place. Puis, d'un mouvement du poignet et du bras, d'arrière vers l'avant, on propulse la sagaie dans la direction souhaitée. Le propulseur agit exactement comme un bras de levier, de sorte que la sagaie est lancée beaucoup plus fort et beaucoup plus loin. On connaît des propulseurs d'il y a près de 20 000 ans, au Solutréen. Ils seront très utilisés pendant toute la période qui suivra, le Magdalénien. Comme leur extrémité, celle qui porte le crochet, était faite avec un andouiller de renne, elle s'est conservée, alors que le bois de la hampe a disparu. On constate que les extrémités de propulseurs étaient souvent décorées de gravures ou de sculptures, peut-être parce qu'on pensait que leur faculté de décupler la force de la sagaie avait quelque chose de magique et que le décor contribuait à renforcer cette magie.

– *Et l'arc ?*

– On est certain que l'arc existait à la fin du Magdalénien, il y a 12 000 ou 13 000 ans. Mais il est possible qu'il ait été inventé avant, car 10 000 ans plus tôt, et par la suite, on trouve des pointes effilées, en silex : elles pouvaient faire d'excellentes pointes de flèches, alors qu'elles auraient été un peu légères pour des sagaies.

– *Qui chassait ? Tout le monde ou seulement quelques personnes ?*

– On ne peut pas le savoir avec certitude, parce que, comme souvent en matière d'archéologie, nous n'avons pas de preuves formelles. On sait, par les vestiges matériels de leurs activités qui se sont conservés, que c'étaient de grands chasseurs. La meilleure façon d'avoir des idées sur leur organisation, c'est de voir comment fonctionnent ou fonctionnaient les groupes de grands chasseurs dans des sociétés proches de nous, en Afrique, dans les Amériques ou en Australie, là où on a pu les étudier.

En général – mais il peut toujours y avoir des exceptions… –, ce sont les hommes qui chassent le gros gibier. Le groupe tout entier peut y participer : les femmes et les enfants jouent fréquemment le rôle de rabatteurs, effrayant le gibier par leurs cris et leurs gestes pour le faire aller dans la direction où les hommes armés l'attendent en embuscade. Plusieurs raisons expliquent ce partage des tâches :

les femmes ont généralement moins de force brute que les hommes, et il faut de la force pour lancer les sagaies avec une puissance suffisante ; les enfants en bas âge, qui restent avec leurs mères, les gêneraient à la chasse ; enfin, les femmes sont plus précieuses que les hommes parce que ce sont elles qui donnent la vie : la survie du groupe dépend d'elles et l'on ne peut donc pas les mettre dans des situations de trop grand danger.

– *Alors, les femmes et les enfants ne s'occupaient pas autant que les hommes de se procurer de la nourriture ?*

– Bien au contraire. Les peuples chasseurs sont aussi des peuples cueilleurs, et la cueillette est le plus souvent pratiquée par les femmes et les enfants. Certaines études sur des groupes contemporains ont montré que leurs récoltes de baies, de champignons, de fruits sauvages et de plantes comestibles constituaient jusqu'à 60 ou 70 % de la nourriture totale consommée. Leurs activités étaient donc plus importantes à long terme que celles des chasseurs, et cela se comprend : quand on va à la chasse, on peut très bien rentrer bredouille, mais ce n'est jamais le cas pour la collecte, car on trouve toujours quelque chose.

– *Ils ramenaient tout ça à leur grotte ?*

– Disons plutôt à leur campement. Contrairement à une opinion répandue, ils ne vivaient pas dans les grottes. D'abord, il y a beaucoup de régions sans grottes. Cela ne veut pas dire qu'elles n'étaient pas peuplées. En fouillant des sites, on a trouvé des restes de huttes préhistoriques. Parfois, elles évoquent les huttes des Esquimaux, avec un foyer au centre et une couronne de pierres qui calaient les peaux de bêtes protégeant les côtés. Ces peaux étaient tendues sur une armature en bois. Dans l'immense plaine d'Europe centrale et orientale, on a même mis au jour de véritables cabanes faites avec des os, des crânes et des défenses de mammouths, par exemple en Ukraine. Quant aux régions calcaires, où se trouvent les grottes, ce sont les abris naturels en pied de falaise qui étaient recherchés. Les gens, en règle générale, n'allaient pas habiter dans l'obscurité absolue des grottes profondes, pour des raisons évidentes.

– *Comment vivaient-ils dans ces abris ? Ils les aménageaient ?*

– Oui, et cela laisse parfois des traces. Ils ne fabriquaient pas de maisons, mais ils pouvaient installer des séparations entre des aires d'activités différentes, mettre en place des coupe-vent avec des peaux tendues, ou encore faire des trous pour enterrer leurs déchets. Toutefois, la plupart du temps, les déchets allaient dans le feu ou étaient rejetés sur la pente. Ça ne devait pas sentir très bon… Il pouvait y avoir des espaces de repos, où ils aménageaient des litières de petits branchages recouverts de peaux de bêtes, ce qui créait un espace les isolant de l'humidité et du froid du sol. C'est dans ces abris, aussi, que l'on entretenait le feu où l'on cuisait les aliments, de toutes les façons possibles : grillés comme avec un barbecue, sur la braise, ou même bouillis.

– *Bouillis ? Ils avaient des casseroles ?*

– Non, bien sûr, ni même des pots. La céramique ne sera inventée que bien plus tard, au Néolithique, longtemps après la fin de la glaciation. Cependant, ils avaient des récipients en peaux de bêtes, des sortes de gourdes ou d'outres, pour conserver l'eau ou le bouillon.

– *Mais ça ne pouvait pas aller sur le feu, ça aurait brûlé !*

– Tu as raison, mais il est possible d'amener l'eau à ébullition en jetant des galets chauffés et brûlants dans ces récipients. On les retire, puis on en met d'autres. On a trouvé des galets brûlés sur les gisements. Il était donc possible de faire bouillir des aliments.

– *Avec quoi ils mangeaient ?*

– Avec leurs doigts, comme tant de peuples dans le monde jusqu'à des dates très récentes et même encore. Ils pouvaient avoir des cuillères en bois, mais pas de fourchettes. Ils pouvaient aussi se servir de branchettes appointées. Pour couper la viande, ils avaient les silex qu'ils travaillaient.

– *Pourquoi surtout des silex ? Où ils les trouvaient ?*

– Le silex est la matière première idéale pour fabriquer des outils, parce qu'il se taille très facilement et que l'on obtient à volonté des éclats ou des lames aux bords tranchants. Certaines roches moins abondantes (l'obsidienne, par exemple) présentent les mêmes qualités. D'autres, comme le quartz ou le quartzite, sont des roches compactes que l'on peut tailler – et qui l'ont souvent été –, mais qui ne permettent pas de faire des outils aussi fins que le silex. Toutes ces roches se trouvent dans la nature, sous forme de blocs ou de galets. Les hommes préhistoriques, qui passaient leur temps à chasser et à récolter ce qui pouvait leur être utile, les recherchaient et exploitaient les endroits où ils les trouvaient.

– *Comment ils les taillaient ?*

– De diverses façons, avec des sortes de marteaux (percuteurs) en pierre ou en bois de cervidés. Ils commençaient par façonner un bloc, pour enlever sa croûte superficielle (le cortex) et préparer les outils ou les opérations ultérieures. Puis, ils débitaient le bloc préparé (le nucleus), c'est-à-dire qu'ils enlevaient à volonté des éclats, des lames ou des lamelles. Pour obtenir des lames et lamelles longues et fines, ils utilisaient la taille par pression plutôt que par percussion directe. Ensuite, ils pouvaient retoucher le produit obtenu pour en modifier la forme, l'appointer ou dégager un biseau, par exemple, en fonction de l'usage auquel ils le destinaient.

– *C'était tout un travail !*

– Oui, et l'on constate que la taille des outils en pierre a évolué au cours des âges. Les plus anciennes humanités taillaient sommairement quelques galets pour en aménager un tranchant ou une pointe. Puis, les méthodes se sont améliorées. Les *Homo erectus* fabriquaient des bifaces, sortes d'outils à tout faire, pointus et tranchants. Ce fut déjà un grand progrès. Puis, les hommes se sont mis à planifier la taille et à faire plusieurs opérations préparatoires qui leur permettraient d'obtenir un éclat de forme déterminée (méthode Levallois). Les Néandertaliens fabriquaient tout un outillage de pointes et de racloirs. Avec les Hommes modernes *(Homo sapiens sapiens)*, la taille du silex devint un art véritable. Ils observèrent même que le silex se taille mieux lorsqu'il est chauffé... Avec ces techniques, les Solutréens fabriquèrent des pointes de lances ou de sagaies si fines que ce sont de véritables bijoux ! Actuellement, des préhistoriens se spécialisent dans l'expérimentation de ces techniques : ils arrivent à reproduire exactement les outils en pierre de la Préhistoire et à reconstituer les gestes de leurs fabricants, ce qui permet de mieux les comprendre.

– *À quoi d'autre servaient les silex, à part couper la viande ou faire des armes ?*

– Ils avaient de multiples usages, depuis la préparation des carcasses des animaux abattus jusqu'à la fabrication d'autres outils. Au moyen d'outils en silex, on travaillait les bois de rennes pour en faire des pointes de sagaies, des extrémités de propulseurs, des redresseurs de hampes de sagaies (les bâtons percés). On travaillait aussi le bois, mais là il n'en reste pas de traces, ainsi que l'os. On trouve ainsi des lissoirs en os, des poinçons, et même un outil qui existe depuis plus de 20 000 ans et dont la forme n'a jamais changé, même si maintenant il est en métal. Devinez-vous ce que c'est ?

– *La hache ?*

– Non, il n'y avait pas alors de haches semblables aux nôtres. Cet outil, c'est l'aiguille à chas. Sur les habitats du Solutréen, on en trouve communément. Elles sont de la même taille et ont la même apparence que nos aiguilles modernes, avec un tout petit trou, sauf qu'elles sont en os.

– *Avec quoi faisaient-ils le trou ?*

– Sans doute avec un outil en silex très appointé qu'on appelle un perçoir.

– *Ils cousaient leurs habits ? Je croyais qu'ils étaient vêtus de peaux de bêtes…*

– L'image de ces gens déambulant à demi nus avec une peau de bête négligemment jetée sur l'épaule est tout aussi fausse que l'idée qu'ils habitaient loin sous terre. N'oublions pas que c'était la dernière glaciation. Il faisait plus froid que maintenant. Ils pouvaient coudre leurs habits avec les poils ou les tendons des animaux. Ils devaient aussi avoir des coiffures, des sortes de bonnets, et des chaussures faites dans le cuir des animaux chassés. Il y a quelques années, on a beaucoup parlé de la découverte dans les Alpes d'un homme préhistorique pris dans la glace. On l'a appelé Ötzi. Sa conservation exceptionnelle a révélé qu'il portait un bonnet en fourrure d'ours, des vêtements et des chaussures en cuir et même qu'il avait bourré ces dernières d'herbes séchées pour combattre le froid. Bien entendu, il était beaucoup moins ancien, néolithique, à peine 5 300 ans… Mais, tout de même, cela nous donne une idée de la façon dont les hommes pouvaient tirer parti des ressources naturelles autour d'eux, en climat froid.

– *Ils se servaient donc bien des peaux de bêtes pour s'habiller ?*

– Oui, mais ils les travaillaient. On trouve assez souvent des couches archéologiques rougeâtres, tachées d'ocre. On sait que ces minerais de fer ont des propriétés colorantes, mais surtout qu'ils peuvent servir à tanner les peaux, à éviter leur putréfaction. Nous pouvons être certains que les peaux des animaux étaient soigneusement prélevées, raclées et nettoyées, avant d'être séchées et tannées, pour être ensuite utilisées comme couvertures, toiles de tentes ou vêtements de toutes sortes.

– *Ces vêtements en cuir qu'ils portaient, ils les décoraient ? Et sait-on s'ils mettaient des bijoux ?*

– Il est probable que leurs vêtements ont été décorés, mais comme ils ne se sont pas conservés on n'en sait rien. En revanche, on est certain qu'ils utilisaient des bijoux, parce qu'on a trouvé des quantités de pendentifs qui pouvaient être portés isolément ou formaient des bracelets ou des colliers. Le plus souvent, ce sont des dents d'animaux perforées à la racine, parfois décorées de stries ou couvertes de peinture rouge. On connaît aussi des pierres percées, ou des os travaillés. Par exemple, au Magdalénien, les gens aimaient porter des rondelles en os percées au centre, souvent décorées de motifs géométriques ou animaliers, ou encore ce que l'on appelle des contours découpés. Ces derniers représentent des têtes de chevaux gravées sur les deux faces d'un os (os de la langue du cheval) qui a naturellement la forme d'une tête de cheval. Cette ressemblance avait dû les frapper, et ces objets pouvaient avoir en conséquence une valeur toute particulière.

– *Chacun fabriquait les siens ou est-ce qu'ils les achetaient ? Comment faisaient-ils pour acheter des choses, avec de l'argent ? Avaient-ils des trésors ?*

– Non, rien ne l'indique. Que des objets aient changé de mains, c'est certain, puisqu'on trouve les mêmes dans des endroits très éloignés. Nous en reparlerons quand nous évoquerons leur société et son fonctionnement. Mais nous n'avons aucun indice que tels ou tels objets aient pu servir de monnaie. Ils n'avaient ni argent ni trésors. Sans doute, comme beaucoup de peuples traditionnels, procédaient-ils par échanges, parfois avec des groupes éloignés.

– Quand ils se déplaçaient, ils avaient des moyens de transport ?

– Non. Ils allaient à pied. La domestication du cheval, comme celle des autres animaux, ne viendra que beaucoup plus tard. Pour transporter leurs biens, leurs armes et leurs outils, quelques provisions, des peaux pour se couvrir ou s'abriter, ils pouvaient avoir des sortes de balluchons, comme des sacs, ou utiliser le travois. C'est une sorte de traîneau. Il est fait de deux perches parallèles sur lesquelles on attache une peau animale et les marchandises à transporter, et que l'on tire, les extrémités des perches traînant sur le sol.

– Ils n'avaient pas d'animaux familiers avec eux ? Même pas de chiens et de chats ?

– Non, le chat n'a été domestiqué que tardivement, par les Égyptiens, et il n'est pas connu en Europe avant le Moyen Âge. Il a pu y avoir des chiens, fidèles auxiliaires du chasseur, vers la fin de la glaciation, dans certains groupes magdaléniens. S'il est possible, comme nous l'avons dit, que de jeunes animaux aient été recueillis de temps en temps après que leurs parents eurent été tués, ce furent là des expériences sans lendemain. Il est possible aussi que de grands herbivores, des chevaux ou des bisons, par exemple, aient été maintenus dans des fonds de vallée par des obstacles placés à l'entrée, ce qui permettait de les abattre à loisir en fonction des besoins. L'ingéniosité humaine n'a pas de limites... À ce propos, vous savez aussi qu'ils affolaient parfois les bêtes pour les pousser au bord des falaises et les faire tomber dans le vide. Certains ont pensé que c'est ce qu'ils ont fait à Solutré, en Saône-et-Loire, pendant des millénaires, pour la chasse aux chevaux.

– *Mais si la chasse ne marchait pas bien et que le sol était couvert de neige, comment survivaient-ils aux hivers rudes ?*

– Ils devaient conserver des provisions. On peut faire sécher des champignons ou des plantes, préserver de la viande dans de la glace, dans les endroits un peu élevés ou mal exposés, là où la glace et la neige subsistaient à longueur d'année. On peut aussi boucaner la viande, la faire sécher dans la fumée du feu jusqu'à ce qu'elle puisse se garder pendant des mois. Cela existe encore dans le sud de l'Afrique et en Amérique.

Vous avez d'autres questions sur les aspects pratiques de leur vie ?

– *Oh oui ! Et pour leurs besoins, comment faisaient-ils ?*

– Il n'y avait pas de toilettes, ni de papier ! Ils étaient peu nombreux, et la nature était vaste, accueillante et pleine de ressources…

– *Ils se lavaient les dents ?*

– Certainement pas comme nous. Ils devaient se nettoyer les dents avec des bouts de bois pointus et faire une toilette sommaire, sans douches ni savon. Ils pouvaient se baigner dans les rivières, du moins l'été. Là encore, c'est ce qu'ont fait les gens de tout temps, dans le monde entier, et ce que font encore des millions de personnes.

– *Et les enfants ? Que faisaient-ils puisqu'il n'y avait pas d'école ? Y avait-il des jouets ?*

– Les enfants arrivent toujours à trouver des jouets et à inventer des jeux, vous le savez bien. Ils pouvaient le faire avec des pierres, des morceaux de bois ou d'os. Peut-être, au cours de leurs fouilles, les préhistoriens trouvent-ils des objets qu'ils ne savent pas interpréter et qui n'étaient pas autre chose que des jouets abandonnés...

Quant à leurs activités, on peut penser, toujours par comparaison avec les peuples chasseurs, que les enfants étaient occupés dès un âge assez jeune. La connaissance des plantes, celle des mœurs du gibier, les techniques de chasse, de taille des outils, de dépeçage des animaux, de tannage et de façonnage des peaux, tout cela nécessitait un apprentissage, pour les garçons comme pour les filles, avec sans doute des spécialisations en fonction du sexe. Ils apprenaient à reconnaître les traces des animaux sur le sol, ce qui était vital pour survivre. Ils aidaient aussi, sans aucun doute, leurs parents dans les activités journalières, c'est ainsi que l'on apprend le mieux !

– Tu as parlé plusieurs fois de survie. C'est parce qu'ils mouraient plus jeunes que nous ?

– Eh oui ! L'espérance de vie était courte, vingt-cinq ans peut-être. Cela ne veut pas dire qu'ils ne vivaient jamais plus vieux. Certains pouvaient atteindre cinquante ans ou plus et devenir légendaires dans les tribus. Cependant, la mortalité des bébés et des jeunes enfants devait être forte, car ils étaient exposés à tous les aléas des maladies (une crise d'appendicite était mortelle...), ainsi qu'aux accidents dus à la chasse ou aux animaux dangereux. Ainsi, dans une grotte de Suisse, on a trouvé un chasseur préhistorique qui avait été tué par un ours.

– *Tu crois qu'ils savaient mesurer l'âge et le temps ?*

– Sans doute pas comme nous avec une grande précision. Mais n'oubliez jamais que les gens de la dernière glaciation, ces humains modernes, étaient aussi intelligents que nous. Ils ne pouvaient manquer d'observer le passage et le retour des saisons, la course du soleil, l'alternance de la nuit et du jour, les phases de la lune, les habitudes régulières de certains animaux, par exemple des ours qui entrent sous terre au début de l'hiver pour hiberner et en ressortent au printemps. Certaines marques régulières sur des os ont peut-être servi à matérialiser les lunaisons ou les saisons. Quoi qu'il en soit, il est certain qu'ils ont mesuré le temps, à leur façon, même s'ils ne pouvaient pas dire exactement, à quelques mois ou même quelques années près, quel âge ils avaient.

Comment s'organisaient-ils ?

– *Vivaient-ils en tribus, ces gens de l'époque glaciaire ?*

– C'est bien possible, voire probable, mais on ne peut pas le savoir de façon certaine. Une tribu est définie comme un ensemble de groupes, liés par des liens familiaux, qui vivent dans une même région, partagent coutumes, langue et croyances, et dont les membres se reconnaissent comme faisant partie d'un même ensemble. Il est évident que ces caractéristiques laissent peu ou pas de traces dans les vestiges archéologiques. On ne peut pas savoir le nombre de groupes composant une tribu, leur répartition exacte, s'ils étaient parents, ni quelle langue ils parlaient. En revanche, on constate, dans telle ou telle région, des ressemblances ou même des identités entre certains types d'objets d'un site à l'autre, ou encore une même attitude concernant les grottes profondes et les dessins qu'ils y faisaient (on verra ça avec leurs croyances). Cela irait dans le sens de l'existence de tribus.

– *Combien de personnes y aurait-il eu dans une tribu ?*

– Sans doute pas tellement. Les groupes dont nous fouillons les habitats étaient peu nombreux, une famille peut-être un peu élargie, disons de vingt à vingt-cinq personnes. S'ils avaient été beaucoup plus, cela aurait posé des problèmes d'approvisionnement. Une famille seule, à l'inverse, aurait eu du mal à survivre, compte tenu des accidents inévitables et des nécessités de la chasse au gros gibier, qu'il vaut mieux pratiquer à plusieurs. Une tribu aurait pu rassembler plusieurs de ces groupes.

– *Est-ce que vous pouvez savoir si ces groupes vivaient près les uns des autres ou au contraire assez loin ?*

– On n'est jamais sûrs d'avoir affaire à des groupes exactement contemporains, parce que nos méthodes de datation ne sont pas encore assez précises. Toutefois, on peut déduire de leurs modes de vie qu'ils pouvaient se trouver à quelques heures de marche les uns des autres. Ils devaient avoir un territoire de chasse à eux, qu'ils connaissaient très bien et qu'ils exploitaient. En effet, trop nombreux ou trop proches, ils l'auraient vite épuisé. Ils se déplaçaient probablement à l'intérieur d'un périmètre assez vaste pour exploiter les ressources d'environnements différents. Ils restaient en dehors des montagnes, par exemple, pendant l'hiver, alors qu'ils pouvaient y faire des incursions au cours de l'été et y chasser les bouquetins et les chamois. Ils pouvaient se joindre à d'autres groupes pour le passage des rennes ou pour une battue exceptionnelle.

– *Y avait-il des réunions de ces groupes ?*

– Certainement. Elles pouvaient avoir lieu de façon périodique, tous les ans ou tous les deux ans par exemple, à certaines saisons et en des lieux déterminés. Le Mas-d'Azil, en Ariège, est une grotte gigantesque parcourue de part en part par une rivière. Elle fut habitée à de multiples périodes car elle est très ouverte et la lumière pénètre loin à l'intérieur. Cette caverne spectaculaire a pu jouer ce rôle et abriter de telles réunions. Les chasseurs-collecteurs pratiquent couramment ce genre de rassemblement saisonnier. C'est l'occasion de se retrouver, d'échanger des nouvelles des personnes que l'on connaît, de faire du troc, de trouver aussi un mari ou une femme dans un groupe autre que le sien, d'avoir des cérémonies en commun, et de faire la fête.

– *De faire la fête ? Ils faisaient de la musique et ils dansaient ?*

– Mais oui. Tous les humains font de la musique et dansent à l'occasion. Ils pouvaient chanter, jouer du tambour avec une peau de bête tendue sur un morceau de tronc d'arbre évidé, utiliser toutes sortes de pierres ou d'os comme instruments de percussion, et même se servir de véritables instruments de musique. On a trouvé des flûtes en os à Isturitz, dans les Pyrénées-Atlantiques. L'une d'elles, presque complète, en os de vautour, datait du Gravettien, c'est-à-dire de près de 25000 ans. Dans la vaste caverne de Niaux, les dessins se trouvent concentrés à un endroit, appelé le Salon noir, où les bruits résonnent et font écho de façon extraordinaire. Ce n'est sans doute pas un hasard si c'est ce lieu qui a été choisi pour y représenter tous ces animaux. Dans la grotte des Trois-Frères, également en Ariège, on a même la gravure d'un personnage mi-homme mi-bison qui joue d'un instrument de musique ; peut-être est-ce une flûte nasale, peut-être un arc musical. En tout cas, on l'a appelé le « Sorcier à l'arc musical ». C'est la plus ancienne représentation connue (plus de 14000 ans) d'un musicien en action.

– *Dans chaque groupe, y avait-il des métiers spécialisés ou chacun faisait-il tout ?*

– Chacun devait avoir de bonnes connaissances de tout ce qui fait le quotidien de la vie, dont nous avons parlé, et des techniques de base, faire du feu, tailler le silex, dépecer un animal. Néanmoins, il est sûr que tous n'avaient pas les mêmes capacités et qu'il pouvait donc y avoir des compétences diverses et des spécialisations à l'intérieur des groupes. Par exemple, certains pouvaient être des maîtres tailleurs de silex : on constate que des outils sont fabriqués avec une maîtrise extraordinaire, alors que d'autres sont beaucoup plus frustes et maladroits. De même, certains chasseurs pouvaient être particulièrement doués pour suivre les traces du gibier et l'approcher et d'autres moins.

– *Dans ces sociétés de l'époque glaciaire, penses-tu qu'il y avait de véritables lois ?*

– Pas au sens où nous l'entendons, mais de façon beaucoup moins codifiée. Ils avaient des coutumes, et les coutumes sont contraignantes. Nous ne les connaîtrons jamais, car elles ne pouvaient se transmettre que par la tradition orale, et les paroles sont à tout jamais perdues.

– *Les hommes et les femmes restaient-ils en couple toute leur vie ?*

– Leur vie était courte, nous l'avons vu. Si les couples se formaient sans doute beaucoup plus tôt que chez nous, ils avaient bien moins de chances de durer. Le plus souvent, l'un des deux mourait d'accident ou de maladie à un âge encore jeune. Les femmes couraient infiniment plus de risques que maintenant au moment d'accoucher. Il n'y avait pas d'hygiène et beaucoup devaient mourir en couches. Quant aux hommes, qui affrontaient à la chasse tant d'animaux redoutables, ils devaient être assez souvent victimes d'accidents.

– *On peut savoir s'il y avait des docteurs pour les soigner ?*

– Les humains s'occupent toujours des gens de leur groupe qui sont malades ou blessés. Il devait exister des hommes ou des femmes qui réduisaient les fractures, pansaient les blessures et soignaient les malades. Ils avaient une connaissance approfondie de la nature et des possibilités qu'elle offre. Ils devaient connaître les vertus des plantes et s'en servir couramment. Ils faisaient aussi appel au monde surnaturel, nous le verrons.

– *Tu as dit qu'ils se mariaient plus tôt. Quand considérait-on qu'un enfant était devenu adulte ?*

– Certainement à la puberté, quand le corps se transforme et l'esprit aussi. Il devait y avoir alors des cérémonies, des fêtes et peut-être des épreuves pour marquer de façon solennelle le passage de l'état d'enfant à celui d'homme ou de femme.

– *Faisaient-ils la guerre ?*

– Non. Nous n'en avons aucun indice pour les périodes dont nous parlons. La guerre ne commencera vraiment qu'avec la propriété, lorsque les Néolithiques auront des champs et des troupeaux à défendre de la convoitise d'autres groupes. Il n'est pas du tout impossible qu'il y ait eu des escarmouches, des accrochages violents, des bagarres, mais certainement pas de guerres. Ce n'était quand même pas un monde idyllique d'où la violence était absente : sur les parois de certaines grottes, à Pech-Merle et à Cougnac dans le Lot, à Cosquer dans les Bouches-du-Rhône, on voit des hommes percés de traits. La notion de tuer son semblable existait, mais rien n'indique qu'il y ait eu des tueries organisées.

– *Pourtant, ils voyageaient, ils rencontraient des étrangers avec lesquels ils auraient pu se battre ?*

– Oui. On a la preuve de leurs déplacements, mais, je le répète, pas de guerres. Sur des sites d'habitat à des centaines de kilomètres à l'intérieur des terres, on trouve des coquillages marins qui proviennent de l'Atlantique ou de la Méditerranée. Il a bien fallu qu'ils aient été transportés par des voyageurs. Il est possible, aussi, de connaître la provenance précise de certains silex. On s'aperçoit que des outils ou des lames en silex se trouvent parfois très loin de leur lieu d'origine. Au Mas-d'Azil, dont nous avons déjà parlé, un préhistorien du siècle dernier a trouvé un superbe objet en ivoire sur lequel deux bouquetins de type pyrénéen ont été sculptés. Ce motif n'a rien d'étonnant, puisque Le Mas-d'Azil est dans les Pyrénées ariégeoises. En revanche, l'ivoire provient d'une dent de cachalot : quelqu'un l'a amené depuis l'océan.

– *Alors, ils faisaient plutôt du commerce avec ces objets ?*

– Sans doute pas de façon systématique. Il est peu probable qu'il y ait eu des colporteurs professionnels magdaléniens ou gravettiens. Simplement, des gens voyageaient, seuls ou en petits groupes, peut-être par simple curiosité, parce qu'ils avaient entendu parler d'un grand fleuve, d'une grotte renommée ou d'une mer légendaire. Ils emportaient avec eux leurs armes, leurs outils usuels, leurs parures. Ils pouvaient les échanger ou en faire cadeau quand ils entraient en contact avec des groupes vivant dans des terres lointaines. Si, de tout temps, les humains n'avaient pas eu le désir d'aller voir ce qui se trouve de l'autre côté de l'horizon, toujours plus loin, ils n'auraient pas conquis les cinq continents.

– *Ils construisaient des bateaux pour aller sur les rivières ou sur la mer ?*

– Pas de grands bateaux, ils n'en avaient pas les moyens techniques. Mais des pirogues ou des radeaux, pour franchir les rivières et les descendre, ou pour suivre les bords des côtes, c'est très probable. Les plus anciennes pirogues connues, qui ont moins de 10 000 ans, sont faites dans des troncs de bois creusés et évidés. Il a pu y en avoir bien avant.

L'un des faits les plus étonnants de la Préhistoire, dans ce domaine, c'est le peuplement de l'Australie, entre 55 000 et 60 000 ans. En effet, pour atteindre le nord de l'Australie, il a fallu que ces hommes (des *Homo sapiens sapiens*, notre espèce moderne) franchissent des bras de mer de 70 kilomètres de long ou plus, donc qu'ils disposent de pirogues ou de radeaux. Avec le Néolithique, la navigation fluviale et même celle en haute mer vont se développer. Le peuplement des îles du Pacifique, sur des milliers de kilomètres de distance, commencera il y a 4 000 ans. Compte tenu des distances parcourues et des moyens rudimentaires dont on disposait à cette époque, cela a été un des plus grands exploits de l'humanité.

Comment pensaient-ils ?

– *Quand les gens voyageaient et qu'ils rencontraient d'autres peuples, comment faisaient-ils pour se comprendre ? Parlaient-ils tous la même langue ?*

– Il faut bien avouer que nous ne savons rien sur les langues préhistoriques. Pendant les temps glaciaires, les gens pouvaient peut-être se comprendre de proche en proche et parler des langues voisines et mutuellement compréhensibles, comme le font de nos jours les Danois, les Norvégiens et les Suédois. À l'inverse, les grandes distances et l'isolement de certains groupes ont pu favoriser l'éclosion de langues très différentes à diffusion réduite. Nous n'avons aucun moyen de le savoir, puisqu'il n'y avait pas d'écriture.

Ce qui est certain, c'est que les *Homo sapiens sapiens* possédaient le langage articulé comme nous et comme tous les peuples de la terre. En revanche, pour leurs prédécesseurs, des discussions opposent les spécialistes. Le langage, avec des mots pour désigner des objets, leurs propriétés, des idées abstraites ou des actions, et surtout avec des phrases pour exprimer une pensée organisée, est bien le propre de l'homme. Il a dû se développer peu à peu. Les Néandertaliens possédaient un langage. Était-il aussi complexe que celui des Hommes modernes ?

Quant à l'*Homo habilis* et, après lui, l'*Homo erectus*, ils pouvaient avoir eux aussi une sorte de langage, mais beaucoup plus rudimentaire, surtout pour le premier.

– *Et leurs croyances, on peut les connaître ? Comment ?*

– On ne peut les connaître – très imparfaitement et seulement dans leurs grandes lignes – que par les résultats de certaines de leurs actions. Les objets renseignent mieux sur les techniques utilisées et les modes d'existence que sur la vie spirituelle de leurs auteurs. En fait, dans ce domaine, nous disposons surtout de deux grandes catégories d'indices : les sépultures et l'art.

– *Ils enterraient les morts ? À partir de quand ?*

– Enterrer les morts, plutôt que de les manger ou de les laisser en proie aux bêtes sauvages, est un acte conscient, délibéré, qui suppose qu'on attache une valeur au corps humain. Lorsque, en plus, on dépose des objets avec le cadavre, cela signifie que l'on croit à une vie après la mort, à un autre monde, bref que l'on a une religion ou une conception de l'univers qui ne se limite pas à la simple survie au jour le jour. C'est donc un acte très important. Les plus anciens hommes à l'avoir accompli sont les Néandertaliens au Proche-Orient, il y a près de 100 000 ans. Cela ne nous surprendra pas, puisque nous avons vu qu'ils étaient très proches de nous. Des sépultures aussi anciennes, dues à l'Homme moderne, ont été trouvées dans la même région. C'est donc là (en attendant peut-être d'autres découvertes...) que l'inhumation a été pratiquée en premier.

– *Ils enterraient les morts seuls ou ensemble ? Que déposaient-ils avec eux ?*

– Cela dépend. À Qafzeh, en Palestine, une sépulture double très ancienne contenait une jeune femme d'une vingtaine d'années, couchée sur le flanc gauche, avec à ses pieds un enfant de six ans. Peut-être la mère et l'enfant ? Sur le même site, un adolescent, enterré sur le dos et les jambes repliées, était accompagné des andouillers d'un grand cerf. À des périodes plus récentes du Paléolithique, la sépulture était couverte d'ocre rouge, peut-être pour symboliser le sang et la vie. Des quartiers de viande dont il ne reste que les os, des armes et des parures (colliers et pendeloques) pouvaient accompagner le défunt.

– *J'ai vu des dolmens en Bretagne et sur les Causses, on m'a dit que c'étaient des sépultures…*

– Oui, mais là c'est très différent. Les dolmens appartiennent à un autre monde, celui des agriculteurs-éleveurs d'il y a à peine quelques milliers d'années. La société était alors tout autre. Les gens avaient des villages, des champs, des troupeaux, un véritable commerce. Ils étaient beaucoup plus nombreux, avec en conséquence une organisation sociale plus poussée. Les dolmens étaient les caveaux d'un groupe, où l'on mettait les corps les uns après les autres, ensemble. Ils demandaient parfois un travail de construction considérable et donc la collaboration de nombreuses personnes. C'étaient des tombeaux collectifs qui pouvaient servir pendant des dizaines, voire des centaines d'années. Quand on les réutilisait, on poussait les os des premiers occupants dans les coins, pour faire de la place. Dans certains dolmens on a trouvé les restes de plus de cent inhumations, hommes, femmes et enfants, avec, là aussi, les objets qui les accompagnaient, des perles de colliers, des pointes de flèches, des poignards ou des poteries. Les temps avaient changé, le mode d'inhumation également, mais le respect des défunts et les croyances en une vie au-delà de la mort continuaient, sous des formes nouvelles.

– *Pendant la Préhistoire, on a pratiqué le cannibalisme ?*

– Les premières sépultures, nous l'avons vu, sont relativement récentes, à peine 100 millénaires ! Il est très possible que le cannibalisme ait été pratiqué auparavant, surtout par les toutes premières humanités. On sait, en effet, que nos très lointains ancêtres étaient de proches cousins des chimpanzés ; or, il arrive à ceux-ci de manger leurs semblables. Mais le cannibalisme est très difficile à prouver. Même quand on trouve des os humains épars dans une couche archéologique, il n'est pas toujours sûr que ce soient des reliefs de repas…

Toutefois, certains exemples ont été signalés d'os humains brisés et raclés, portant des traces de feu et traités exactement comme ceux des animaux. Ils semblent bien indiquer que cette pratique a eu cours, peut-être occasionnellement, à toutes les époques, même à des périodes proches de nous comme le Néolithique. L'un des exemples les plus probants, daté d'environ 7 000 ans, a été trouvé en Provence, dans la Grotte de Fontbrégoua, par mon ami Jean Courtin.

– *Peut-être faisaient-ils cela à des moments de famine ?*

– Ce n'est pas impossible, surtout pour les prédécesseurs des Néandertaliens. Cependant, le cannibalisme peut avoir d'autres buts. En mangeant le défunt, qu'il soit parent ou ennemi, on croit que l'on s'approprie ses qualités ou sa force.

– Tu as dit que l'art permettait lui aussi de mieux comprendre les croyances des hommes préhistoriques. Tu parles des dessins dans les grottes ?

– Pas seulement. Il existe aussi un art sur objets, appelé l'art mobilier, outre les parures que portaient les hommes et les femmes.

– À toutes les périodes ?

– Non. Les plus anciens humains ne connaissaient pas l'art, ni apparemment la parure. Il faut attendre les Hommes modernes pour cela. Les derniers Néandertaliens ont travaillé l'os et l'ivoire et ils ont fabriqué quelques objets de parure, comme un anneau en ivoire ou des dents percées trouvés sur un site d'Arcy-sur-Cure, dans l'Yonne. Néanmoins, on constate que ces comportements n'apparaissent que bien après l'arrivée de l'Homme moderne avec ses techniques et ses inventions. Or, les Néandertaliens vivaient alors en Europe depuis près de 100 000 ans, sans parure et sans art. Plutôt que d'envisager qu'ils aient eux-mêmes, par une coïncidence extraordinaire, réinventé tout cela sur le tard, il est plus vraisemblable de penser qu'ils ont vu ce que faisaient les nouveaux venus, qu'ils ont subi leur influence et les ont imités à leur façon.

– Et les dessins dans les grottes, quand les a-t-on faits ?

– Une fois encore, dans ce domaine, c'est de l'Homme moderne qu'il s'agit. Les dessins les plus anciens ont été datés de plus de 30 000 ans dans la

Grotte Chauvet. Dans l'avenir, on en trouvera sans doute d'autres qui seront plus vieux encore. Ce qui est sûr, c'est que les Paléolithiques ont continué à faire des gravures et des peintures sur les parois des roches et des abris jusqu'à la fin de la dernière glaciation, il y a 11 000 ou 12 000 ans. Cela veut dire que, pendant toute cette longue période, ils ont gardé les mêmes pratiques et le même type de religion, même s'il a dû y avoir quelques variations dans leurs croyances d'un endroit à un autre et avec le passage du temps. D'autre part, ce n'était pas toujours dans l'obscurité totale des cavernes profondes qu'ils ont laissé leurs œuvres. On en connaît dans les abris sous roches à la lumière du jour, et même sur des rochers à l'air libre, au Portugal et en Espagne notamment.

– *Comment s'éclairaient-ils quand ils allaient au fond des grottes ?*

– En général, c'était avec des torches fabriquées à partir du bois d'arbres résineux. Les charbons tombés de ces torches se sont parfois conservés. Il est alors possible non seulement de les dater par la méthode du radiocarbone mais aussi de déterminer en laboratoire le bois précis dont ils proviennent. Le plus fréquemment, c'est du pin sylvestre. À certaines époques, les hommes du Paléolithique ont également utilisé des lampes à graisse. Ils mettaient de la graisse animale dans le creux d'une pierre, parfois très bien taillée, comme une lampe de Lascaux. Ils y faisaient tremper une ou plusieurs mèches, faites par exemple avec des lichens, et ils les allumaient. Cela donnait une lumière un peu plus faible que celle d'une bougie, mais très suffisante pour se déplacer dans le noir. Il suffisait d'avoir une réserve de graisse dans une gourde en cuir et des lichens dans une poche pour alimenter la lampe durant des heures.

– *Avec quoi fabriquaient-ils de la peinture ?*

– Ils ont employé plusieurs techniques pour dessiner. La gravure est sans doute la plus courante. Ils ont gravé sur la roche avec un silex lorsque la surface de la paroi était dure ; quand elle était molle, avec un morceau d'os ou de bois, ou encore avec le doigt. Ils ont aussi fait des dessins, rouges ou noirs, directement avec un morceau de matière colorante. Les charbons de leurs torches ou ceux prélevés dans les foyers pouvaient être utilisés comme un crayon noir, ce qu'on appelle un fusain. Il en était de même pour des blocs de roches rouges, à base d'oxyde de fer. On les trouve dans la nature et ils devaient les rechercher tout spécialement. Enfin, parfois, ils fabriquaient de véritables peintures en écrasant la matière colorante, le rouge ou le noir, et en la mélangeant avec de l'eau pour qu'elle soit fluide. Ils pouvaient alors l'utiliser soit avec le bout du doigt, soit avec un pinceau fait avec des poils d'animaux. Quelquefois aussi, ils soufflaient la peinture avec la bouche, par exemple sur leur main posée sur la paroi : on enlevait ensuite la main et sa trace apparaissait en blanc. C'est la technique du pochoir.

– *En plus des mains, qu'est-ce qu'ils dessinaient ? Seulement des animaux ?*

– Non. Il est vrai que les animaux sont les sujets les plus fréquents et les plus spectaculaires, leur thème de prédilection en quelque sorte. Les plus nombreux sont les chevaux, mais on trouve aussi beaucoup de bisons et d'aurochs, de bouquetins, de rennes et de cerfs, de mammouths aussi.

Les animaux dangereux, comme les lions et les rhinocéros, ou encore les ours des cavernes, ont également été représentés. Il y en a moins, cela dépend des grottes et des périodes. Ces espèces redoutables ont été plus souvent figurées par les Aurignaciens que par leurs successeurs. Les oiseaux et les poissons sont bien plus rares, à toutes les époques. Ces gens ont fait des choix. Par exemple, il est curieux de constater que des animaux comme les loups, les renards, les gloutons n'ont été dessinés que de façon tout à fait exceptionnelle, alors qu'ils abondaient dans la nature.

En plus des animaux, on constate toujours la présence de signes géométriques : des points rouges, des traits, des cercles, des rectangles et bien d'autres encore. On ne sait pas exactement ce qu'ils signifiaient.

– *Et les humains, ils ne les dessinaient pas ?*

– Les représentations humaines existent, mais en bien plus petit nombre. On en a dénombré environ une centaine, sans compter les mains et les sexes isolés, le plus souvent des sexes féminins. Outre leur rareté relative, les humains présentent deux caractéristiques majeures : ils sont presque toujours incomplets et ils sont souvent assez peu réussis, un peu caricaturaux, contrairement aux animaux. Ce n'est pas par manque d'habileté, puisqu'ils dessinaient si bien par ailleurs, mais parce qu'ils l'ont voulu. On constate aussi qu'ils n'ont jamais dessiné de plantes, d'arbres, de paysages.

Cela signifie que c'étaient les animaux, du moins certains, qui jouaient un rôle majeur dans leurs croyances. C'étaient eux qui représentaient les forces surnaturelles du monde de l'au-delà.

Ce n'est pas très étonnant, vivant dans le monde où ils vivaient, un monde grouillant d'animaux…

– *Ces grottes avec des dessins, on peut toutes les visiter ?*

– Non. La plupart sont difficiles d'accès ou très fragiles. Elles sont fermées au public pour les conserver. Seuls, quelques spécialistes peuvent y aller, avec beaucoup de précautions, pour les étudier. Mais, en France, il existe une vingtaine de grottes où les visites sont possibles, y compris pour les enfants. Les plus importantes sont en Dordogne (Font-de-Gaume, Rouffignac – cette dernière est si grande qu'on la visite en petit train ! – et Bernifal), dans le Lot (Pech-Merle et Cougnac) et dans les Pyrénées (Niaux, Bédeilhac, Gargas, Isturitz). Il y en a même une dans l'Yonne, à Arcy-sur-Cure. En outre, il existe des répliques très bien faites, où on a reconstitué à l'identique les parois ornées de certaines grottes, et où on explique ce qu'est cet art des cavernes : Lascaux II et le Parc du Thot en Dordogne, et aussi le Parc pyrénéen d'Art préhistorique dans l'Ariège, où on montre en outre comment se servir d'un propulseur, faire du feu, tailler les silex et dessiner comme les hommes préhistoriques.

– *Est-ce qu'on sait si toutes les tribus faisaient des dessins dans les grottes ?*

– Non, des régions entières sont dépourvues de grottes. En conséquence, les gens qui y habitaient n'avaient pas cette possibilité. Même dans celles où il en existe, elles n'ont pas toutes été utilisées. Dans ce cas encore, ils faisaient des choix.

– *Mais alors, pourquoi allaient-ils dans les grottes faire ces dessins ?*

– Nous avons vu qu'ils n'y habitaient pas. Ce ne pouvait donc pas être pour orner leur demeure. En outre, ils ont souvent fait leurs gravures et leurs peintures dans des endroits reculés, difficiles d'accès, parfois au fond de boyaux étroits, où seule une personne pouvait se tenir à la fois. Ce n'était donc pas, à ces endroits-là du moins, pour des cérémonies avec de nombreux participants. Il faut se tourner vers les peuples traditionnels pour mieux comprendre. On s'aperçoit alors que, sur tous les continents, les grottes inspirent une crainte superstitieuse : elles sont perçues comme un mode surnaturel, où se trouvent les dieux, les esprits, les âmes des morts et les forces de l'au-delà.

– Si les grottes font si peur, ils n'auraient pas dû y aller !

– C'est effectivement l'attitude adoptée la plupart du temps, en Afrique ou ailleurs. Toutefois, certains peuples ont eu l'attitude inverse. Ils sont délibérément allés à la rencontre des esprits dans le monde souterrain où ils croyaient qu'ils habitaient, pour entrer en contact avec eux afin d'obtenir leur aide pour les problèmes majeurs de leur vie, par exemple pour guérir les malades ou favoriser la chasse. Des cérémonies pouvaient s'y dérouler dans certaines salles, comme la Salle des Taureaux de Lascaux par exemple, en des circonstances spéciales, car il s'agissait de lieux sacrés, magiques.

– Ceux qui dessinaient, c'étaient des sorciers, alors ?

– On les appelle plutôt des chamanes. Ce sont des spécialistes du contact avec le monde de l'au-delà et les esprits. On s'aperçoit qu'une majorité des dessins étaient très bien faits. Ce n'était pas à la portée de n'importe qui. Cela signifie que leurs auteurs avaient été choisis, qu'ils avaient certainement reçu un enseignement. D'autres dessins, plus maladroits, ont pu être réalisés par ceux qui les accompagnaient et participaient aux rites qui avaient lieu dans la grotte. Par exemple, par des adolescents au moment des cérémonies d'initiation, ou par des malades qui souhaitaient capter le pouvoir surnaturel pour guérir. D'après le peu de traces qu'on constate, ils ne devaient pas être très nombreux et ils n'allaient pas très souvent au fond des cavernes, peut-être exceptionnellement, pour des occasions graves. Dans certaines grottes (Chauvet, Pech-Merle, Montespan, le Tuc-d'Audoubert, Fontanet, le Réseau Clastres), on a trouvé des empreintes humaines d'adultes et d'enfants conservées dans l'argile du sol. D'autres cérémonies, la majorité sans doute, se déroulaient à l'extérieur, mais nous n'avons pas d'indices matériels à leur sujet.

– *Et pour celles des cavernes, il existe des indices ?*

– Oui. La façon dont ces gens ont dessiné nous fournit des indications sur leurs façons de penser. On s'aperçoit que, dans de nombreux cas, ils ont représenté des animaux comme s'ils sortaient des fissures de la paroi ou encore du fond des galeries. Beaucoup de ces dessins utilisent les reliefs, les creux, les bosses et les fissures de la roche. L'idée qui s'impose, c'est que ces gens, qui se croyaient dans le monde des esprits et s'attendaient à les voir surgir à tout moment, les voyaient effectivement dans la roche, aidés pour cela par la faible lumière vacillante de leur torche ou de leur lampe à graisse. En les dessinant, ils entraient en contact avec leur pouvoir et s'en imprégnaient.

– *Ce sont les seuls indices ?*

– Non. Dans certaines grottes ornées, des fragments d'os, parfois en grand nombre, ont été plantés dans les fissures, non loin des dessins. D'après leur position, ils ne peuvent avoir servi à aucune utilisation matérielle imaginable. L'explication la plus vraisemblable, c'est qu'il s'agissait, là encore, d'entrer en relation avec le monde surnaturel, à portée de main de l'autre côté de la paroi. Un peu comme les juifs qui, de nos jours, placent des bouts de papier avec leurs prières dans le creux du Mur des Lamentations à Jérusalem, ou comme les chrétiens qui mettent des ex-voto dans des chapelles.

– *Mais alors, ces gens, ils étaient vraiment comme nous ?*

– Sans aucun doute. Ces Hommes modernes avaient le même cerveau, le même système nerveux, la même apparence que nous. Leurs émotions et leurs sentiments, leurs instincts et leurs craintes étaient les nôtres. Ils n'avaient ni ordinateur, ni voiture, ni télévision, ni téléphone, mais ils s'efforçaient de vivre au mieux dans le monde – pour nous étrange et dangereux – qui était le leur. Il leur fallait trouver de quoi manger, se vêtir et se protéger des éléments, des dangers et de la mort. Leurs croyances les aidaient à affronter les périls qui les entouraient. Ils avaient leurs amours, leurs joies et leurs fêtes. C'étaient nos arrière-arrière-arrière… grands-parents !

– *Grand-Père, tu nous as tout dit sur la Préhistoire ?*

– Loin de là ! La Préhistoire couvre toute l'histoire de l'Humanité pendant des périodes immenses.

Elle implique toutes les activités des hommes, celles des gens comme nous et celles de leurs prédécesseurs. En répondant à vos questions, j'ai essayé de vous donner une idée, forcément générale et rapide, de cette longue évolution, des difficultés que nos ancêtres ont affrontées et des solutions qu'ils ont trouvées. Ils ont réussi, puisque nous sommes là !

J'adresse mes plus chaleureux remerciements à Françoise Peyrot pour ses conseils amicaux.

RÉALISATION : PAO ÉDITIONS DU SEUIL
IMPRESSION : NORMANDIE-ROTO IMPRESSION S.A. À LONRAI (61250)
DÉPÔT LÉGAL : JANVIER 2002. N° 52687 (01-3141)

DANS LA MÊME SÉRIE

Tahar Ben Jelloun
Le Racisme expliqué à ma fille

Régis Debray
La République expliquée à ma fille

Max Gallo
L'Amour de la France expliqué à mon fils

Sami Naïr
L'Immigration expliquée à ma fille

Jacques Duquesne
Dieu expliqué à mes petits-enfants

Jean Ziegler
La Faim dans le monde expliquée à mon fils

Lucie Aubrac
La Résistance expliquée à mes petits-enfants

Annette Wieviorka
Auschwitz expliqué à ma fille

Nicole Bacharan et Dominique Simonnet
L'Amour expliqué à nos enfants

Jacques Semelin
La Non-violence expliquée à mes filles

Jérôme Clément
La Culture expliquée à ma fille

Roger-Pol Droit
Les Religions expliquées à ma fille

Henri Weber
La Gauche expliquée à mes filles

Jacky Mamou
L'Humanitaire expliqué à mes enfants

Tahar Ben Jelloun
L'Islam expliqué aux enfants